AF592524

VENTE

Du Lundi 13 Décembre 1909

OTEL DROUOT, SALLE N° 9

A DEUX HEURES

Tableaux, Meubles et Objets d'Art

COMMISSAIRE-PRISEUR

Me HENRI GABRIEL

EXPERTS

M. REINACH

MM. DUCHESNE & DUPLAN

CATALOGUE
DE
BIJOUX
Ornés de Perles fines, Brillants et Pierres de couleurs

ARGENTERIE ET MÉTAL

TABLEAUX
Par :

JEANNIN, PALIZZI, ROQUEPLAN, SÉGÉ, J. STÉVENS, STORCK, VALADON,
ÉCOLES FRANÇAISE, HOLLANDAISE ET ITALIENNE

DESSINS ET GRAVURES

MEUBLES ET OBJETS D'ART

Dont la Vente aura lieu

HOTEL DROUOT, SALLE N° 9

Le Lundi 13 Décembre 1909, à 2 heures précises

COMMISSAIRE-PRISEUR

Me HENRI GABRIEL, 44, rue de Londres

EXPERTS

Pour les Bijoux :
M. ADOLPHE REINACH
Expert près la Cour d'appel, à Paris
17, rue Drouot

Pour les Tableaux et Objets d'art
MM. DUCHESNE & DUPLAN
10, rue Rossini
PARIS

Chez lesquels on trouve le présent Catalogue

EXPOSITION PUBLIQUE

Le Dimanche 12 Décembre 1909, de 2 h, à 6 heures

CONDITIONS DE LA VENTE

Elle sera faite au comptant.

Les adjudicataires paieront *dix pour cent* en sus des enchères.

L'exposition mettant le public à même de se rendre compte de l'état et de la nature des objets, aucune réclamation ne sera admise une fois l'adjudication prononcée.

N. B. — La vente commencera par les Bijoux et l'Argenterie.

Paris. — Imp. de l'Art, Ch. Berger, 41, rue de la Victoire

DÉSIGNATION

BIJOUX

1 — Joli collier de chien, composé de douze rangs, ensemble 1164 perles fines, et de quatre barrettes serties de brillants et de roses.

2 — Très beau sautoir, formé de 275 perles fines.

3 — Sautoir en platine, orné de perles et de demi-perles.

4 — Deux bracelets, pouvant former rivière, composés de soixante-treize chatons sertis de brillants.

5 — Broche-croissant, sertie de vingt-trois brillants.

6 — Broche-nœud, sertie de brillants, deux fausses perles.

7 — Broche-libellule, sertie de brillants et de roses.

8 — Paire de boucles d'oreilles, brillants solitaires.

9 — Bague croisée, formée d'un brillant et d'une perle, le corps orné de huit petits brillants.

10 — Bague, composée d'un saphir entouré de dix brillants, le corps orné de deux brillants.

11 — Bague, ornée d'une perle et de deux brillants.

12 — Tour de cou, serpent en or.

13 — Montre en or à remontoir et à répétition, minutes.

14 — Montre d'homme en or, à remontoir.

15 — Montre de dame en or, à remontoir, avec couronne et chiffre *M. V.* ornés de roses.

16 — Chaîne de gilet double, en or et en platine.

17 — Bague d'archevêque en argent, ornée d'une améthyste.

18 — Deux épingles-jumelles, ornées de perles fines.

19 — Broche, feuillage en or.

20 — Décoration de la Légion d'honneur en or émaillé.

20 *bis* — Cachet en sardoine, orné d'une perle fine montée en or.

ARGENTERIE

21 — Boîte à thé en argent.

22 — Huilier Empire en argent.

23 — Filtre à café, deux tasses, en vermeil.

24 — Couteau à fromage, le manche en vermeil.

25 — Pelle à glace en vermeil.

26 — Six dessous de carafe en argent, avec écusson.

27 — Onze petites fourchettes de fantaisie en argent.

28 — Cloche à fromage avec son plateau en verre, garniture en argent.

29 — Carafon monastique en verre, garniture en vermeil.

30 — Pot à pickles en verre, avec garniture en argent.

31 — Deux moutardiers en verre, garniture en argent.

32 — Cadre de style Louis XV en argent.

33 — Presse-papier avec garniture en argent, représentant deux lions.

34 — Encrier en verre, garniture en argent.

35 — Deux brosses à ongles, deux brosses à dents, une brosse à poudre, monture en argent.

36 — Pelle à pâté en vermeil.

37 — Quatre cuillers à glace en argent.

38 — Couteau à glace en argent.

39 — Assiette à gâteaux en argent.

40 — Deux salières de style Louis XVI en argent.

41 — Deux salières, de style Louis XVI, en argent.

42 — Quatre cuillers à café en argent. Travail russe.

43 — Huit pelles à sel en argent.

MÉTAL

44 — Écrin contenant : douze couverts à entremets en maillechort ; douze cuillers à café en maillechort ; pelle à sucre en maillechort ; pince à sucre en maillechort ; douze couteaux à dessert, manches en os, garniture et lames en maillechort.

45 — Plat rond, à bords enrubannés, en métal argenté.

46 — Plat long, à bords enrubannés, en métal argenté.

47 — Plat long, bords Louis XV, en métal argenté.

48 — Dessous de carafe guilloché en métal argenté.

49 — Dessous de carafe, à bords enrubannés, en métal argenté.

50 — Trois dessous de carafe, à bords perlés, en métal argenté.

51 — Petit plat rond en métal argenté.

52 — Sucrier en cristal, garniture en métal argenté.

53 — Porte-toast en métal argenté.

54 — Quatorze porte-couteaux en métal argenté.

55 — Petite bouillotte en métal argenté.

56 — Cafetière en métal argenté.

57 — Deux bouts de table en métal argenté.

58 — Bout de table, salière, avec bouteille de champagne, en métal argenté.

59 — Presse-citron en métal argenté, avec son plateau.

60 — Cinq brochettes à rognon, en métal argenté.

TABLEAUX

CORBARA (Attribué à)

61 — *Prise de Constantinople par les Turcs.*

JEANNIN

62 — *Vase, garni de chrysanthèmes, renversé sur une table.*

MONTELON

63 — *Scène mythologique dans un palais à colonnades.*

Aquarelle.
Signée à gauche et datée : *1785*.

PALIZZI

64 — *Paysage montagneux, avec bergère et troupeau de chèvres.*

Signé à gauche.

ROQUEPLAN

65 — *La Fileuse.*

Signé à gauche.

SÉGÉ

66 — *Paysage.*

Signé à droite.

J. STEVENS

67 — *La Dentelière.*

Une femme assise, vêtue d'un costume flamand, travaille à son métier de dentelle, près d'une fenêtre.

Toile. Haut., 40 cent.; larg., 30 cent.

VAN STORCK (ABRAHAM)

68 — *Vue des quais à Amsterdam.*

— *Le Départ de la frégate.*

Deux marines se faisant pendant. Compositions animées de nombreux personnages.

Toile. Haut., 40 cent.; larg., 51 cent.

VALADON

69 — *Portrait de Jeune femme, vue en buste.*

Panneau. Signé en haut et à droite.

ÉCOLE FRANÇAISE

70 — *Portrait présumé de Camille Desmoulins.*

ÉCOLE HOLLANDAISE

71 — *Buveurs dans un cabaret. — Scène d'intérieur.*

Deux pendants.

ÉCOLE ITALIENNE

72 — *Sainte Cécile.*

Toile ovale.

DESSINS ET GRAVURES

BOUCHER (Attribué à F.)

73 — *Figure d'Amour tenant un carquois.*
Dessin à la sanguine.

73 *bis* — *Dessin au crayon noir.*

74 — Soixante-dix dessins originaux, par HUART, DELAW, DJIM, J. CHARLES, ROUVEYRE et autres. (Pourra être divisé.)

75 — Quarante-huit épreuves avant la lettre, par BAC, BALLURIAU, CARAN D'ACHE, GERBAULT-MEUNIER, FAIVRE, RADIGUET, ROBIDA et autres. (Pourra être divisé.)

76 — Vingt-six épreuves avant tirage, mises en couleur par AVELOT, BAC, BALLURIAU, DELAW, GRÜN, HUART, MÉTIVET, ROBIDA et autres. (Pourra être divisé.)

OBJETS DIVERS

77 — Joli miroir dans un cadre en ébène plaqué d'écaille brune, enrichi d'ornements en argent ciselé et doré. De chaque côté du miroir, deux fines colonnettes en vermeil supportent des figures d'Amours en ivoire sculpté chevauchant des consoles de même matière ; de chaque côté du cadre, des cariatides de femme en ivoire. Le fronton circulaire avec frise ornée et décorée d'une plaquette d'émail en camaïeu gris à sujet : Diane et Actéon, est surmonté d'un médaillon à armoiries flanqué de deux sphynx. La partie inférieure de l'encadrement présente un cartel en fer incrusté, soutenu par des dauphins en ivoire et repose sur un cul-de-lampe orné au centre d'un masque diabolique. On y lit :

> Heureux le jour, l'an, le mois et la place
> L'heure et le temps où vos yeux m'ont tué
> Sinon tué, à tout le moins mué
> Comme Méduse en une froide glace.

Copie très artistique d'un miroir de la Renaissance.

Haut., 35 cent.; larg., 22 cent.

78 — Grand émail en couleurs : Scène religieuse. Composition à nombreux personnages.

79 — Émail en couleurs : Guerrier romain. Fond noir, à encadrement en couleur, à rinceaux et rosaces.

80 — Médaillon. Relief en marbre : Tête de César laurée. Cadre chêne.

81 — Médaillon ancien en marbre. Bas-relief : Sujet mythologique. Cadre en marbre veiné.

82 — Deux bas-reliefs anciens en albâtre : Scènes de la Passion. Cadres en bois noir.

83 — Deux petits icônes triptyques anciens, à sujets religieux en relief, un d'eux à fond d'émail bleu.

84 — Icône sur fond doré.

85 — Groupe en bronze : le Retour de la moisson. Signé : *de Moreau.*

86 — *Arlequin,* de Saint-Marceau.

87 — *Diane,* de Falguière, en bronze.

88 — Statuette en terre cuite : Nègre.

89 — Banquette en chêne sculpté à haut dossier et accotoirs. Genre Renaissance.

90 — Petit meuble à hauteur d'appui, à tiroirs et dessus de marbre, en marqueterie, ornée de bronzes Il forme secrétaire dans le haut.

91 — Deux bergères en bois doré. Style Louis XV.

92 — Bonheur-du-jour en acajou et cuivres.

93 — Lustre en cuivre, formant lampe juive, et deux appliques assorties à électricité.

94 — Vase à fleurs craquelé et vase en bronze modern style.

95 — Jardinière en métal argenté.

96 — Deux grandes potiches en bronze.

97 — Grand couteau, manche ivoire, et deux poignards.

98 — Grand tapis de table en velours ponceau, orné d'applications de broderies anciennes de soies multicolores et de fils métalliques, à décor de bouquets de fleurs, guirlandes, rinceaux et écussons.

Long., 2 m. 40 cent.; larg., 1 m. 90 cent.

99 — Trois tapis Karamanie.

100 — Tapis noir, brodé soies orientales.

101 — Cinq éventails anciens.

102 — Éventail en nacre et dentelle de Chantilly.

103 — Éventail en écaille et plume noire.

104 — Deux éventails, monture en ivoire.

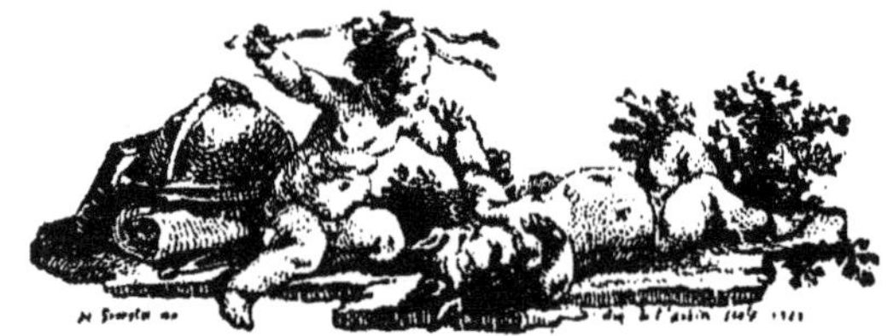

RED. :

16

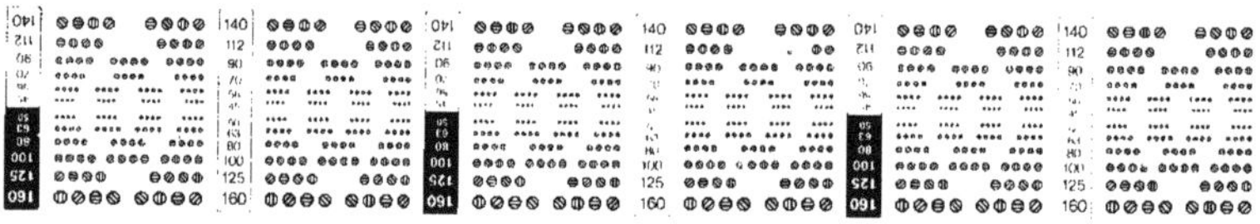

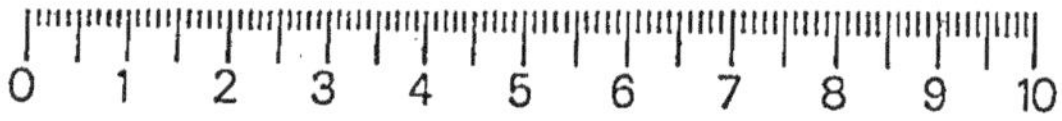

www.ingramcontent.com/pod-product-compliance
Ingram Content Group UK Ltd.
Pitfield, Milton Keynes, MK11 3LW, UK
UKHW020538180726
13839UKWH00006B/2583